끝날 때까지는 끝난 것이 아니야
요기 베라

혜민교육

텔레비전으로 메이저리그 경기가 중계되고 있었어요.
카메라가 한 선수의 얼굴을 비췄지요.
마침 1루 주자였던 그는
상대 팀 1루수와 쉴 새 없이 이야기를 나누고 있었어요.
그 모습을 본 중계 아나운서가 웃으며
해설자에게 물었지요.
"요기 베라 선수,
오늘도 역시 수다를 떠느라 정신없군요.
도대체 경기 중에 무슨 할 말이 저렇게 많을까요?"
그러자 해설자도 고개를 절레절레 흔들며 껄껄댔어요.

"허허허! 저 선수 수다쟁이로 소문났잖습니까?
타자들이 타격에 집중하기
어려울 정도라고 하니 말 다했지요."
그랬어요, 요기 베라는 뉴욕 양키스 포수였는데
수비를 할 때조차 조용히 입을
다무는 법이 거의 없었어요.
그렇다고 뭐 대단한 이야기를 하는 것도 아니었지요.
타자가 타석에 들어서면 온갖 농담을 지껄여댔어요.
"너 어제 술 마셨구나? 아직도 냄새가 풀풀 나."
"네 아들 시험 잘 봤니?
이번에도 또 빵점 맞은 거 아니야?"
언제나 이런 식이니
타자가 어수선해서 허둥댈 수밖에 없었지요.

그처럼 괴짜 같은 베라의 성격은
타격을 할 때도 엿볼 수 있었어요.
그에게는 스트라이크 존이라는 것이
별 의미가 없었지요.
얼핏 아무 공에나 배트를
막 휘두르는 것처럼 보였으니까요.
그런데 희한하게도 낮은 공은 퍼 올리고,
높은 공은 내리치고,
멀찍이 벗어난 바깥쪽 공은
팔을 쭉 뻗어 안타를 만들어 냈어요.
"어이쿠! 저런 공을 칠 생각을 하다니……."
관중들은 어처구니없는 표정으로
놀라움을 감추지 못했지요.

하지만 그 비밀을 알고 보면,
그것은 베라의 남다른 능력 때문에 가능한 일이었어요.
그는 손목 힘이 매우 좋아
배트를 빠르고 강하게 휘둘렀지요.
타격 코치는 그런 베라를 보며 감탄했어요.
"이보게, 자네는 야구 선수로서 특별한 재능을 타고났어.
무엇보다 배트를 잘 다루어야
좋은 타격을 할 수 있는 법이지."
만약 다른 선수들이 엉뚱한 공에
스윙을 했다면 혼이 났을 거예요.
오직 베라만이 예외였지요.

그도 그럴 것이, 베라는 찬스에 더욱 강했어요.
비록 스트라이크가 아닌 공에 배트를 휘두르고는 했지만
어김없이 안타를 만들어 내 득점을 올렸지요.
그런 까닭에 상대 팀에서는 위기 때
베라를 가장 경계했어요.
"베라가 나오면 그냥 볼넷으로 내보내.
차라리 그러는 편이 나아."
심지어 이런 작전이 나올 만큼
베라는 공포의 대상이었지요.
실제로 그는 주자가 없을 때보다 있을 때
타율이 훨씬 높았어요.

어디 그뿐인가요.
베라는 수다쟁이였지만,
메이저리그 최고의 포수였어요.
그가 포수로서 실책을 범하는
경우는 손에 꼽을 정도였지요.
"자, 마음껏 던져. 어떤 공이든지 내가 받아줄 테니까!"
베라는 항상 투수들에게 자신감을 불어넣어 줬어요.
상대 팀의 공격으로 위기가 닥칠 때면
그는 천천히 마운드로 걸어가
흔들리는 투수를 위로했지요.
"너무 걱정하지 마.
지금 네 공에는 아무런 문제도 없어.
단지 타자에게 행운이 따랐을 뿐이야."

그 말은 투수에게 큰 힘이 되어 주었어요.
덕분에 얼굴이 하얗게 질려 있던 투수는
곧 마음을 가라앉히고
자신이 할 수 있는 최선의 투구로
위기를 벗어나고는 했지요.
무사히 이닝을 마친 투수는
베라에게 다가와 악수를 청했어요.
"고마워, 베라. 내가 공을 던지기는 했지만
타자를 아웃시킨 사람은 바로 너야."
그럴 적마다 베라는 또다시 수다를 떨어대며
별 일 아니라는 듯 빙그레 미소 지을 따름이었지요.

사실 야구에서 포수는 가장 힘든 포지션이에요.
경기 내내 앉았다 일어서기를 반복하며,
100개가 훌쩍 넘는 투수의 공을 받아내야 하지요.
때로는 타자가 친 공에 맞아
참기 힘든 고통을 겪기도 하고요.
"악! 이번엔 발등이야…….
온몸에 멍이 사라질 날이 없네……."
그렇지만 포수는 자신의 아픔을 쉬 드러내지 못해요.
자칫 동료 선수들의 사기가 떨어질까 봐
염려하기 때문이지요.
포수는 늘 "파이팅!"을 외치며
조용히 신음소리를 삼킬 뿐이에요.

그럼에도 경기에서 이기고 난 다음에
가장 큰 박수를 받는 것은
항상 투수나 결정적인 홈런을 친 선수예요.
포수는 궂은일을 도맡아 하고도
좀처럼 주목받지 못하지요.
1956년,
놀랍게도 월드시리즈에서 퍼펙트게임이 이루어졌어요.
뉴욕 양키스가 브루클린 다저스를 상대로
완벽한 승리를 거두었는데,
당시 포수가 요기 베라였지요.
"오늘 베라의 투수 리드는 환상적이었어.
타자들의 허를 찔렀지."
여러 야구 전문가들이 그날의 일등공신으로
베라를 칭찬했어요.

하지만 관중들은 대부분
그 경기의 승리투수였던
돈 라센에게 몰려가 환호했어요.
언론도 마찬가지였지요.
'돈 라센, 월드시리즈에서 퍼펙트게임 달성!
야구 역사에 길이 남을 대기록!'
신문에는 마지막 타자를 아웃시키고 감격해 하는 투수와
마운드로 달려가 그를 부둥켜안은
베라의 사진이 실렸어요.
비록 두 사람이 함께 환하게 웃고 있었지만,
누가 보아도 그날의 주인공은 투수 돈 라센이었지요.

사람들은 그 일로 베라가
크게 실망할 것이라고 생각했어요.
그러나 뜻밖에도 그는 전혀 개의치 않는 표정이었지요.
"원래 포수라는 자리가 그런 것이잖소.
어머니처럼 있는 듯 없는 듯
묵묵히 집안 살림을 꾸려갈 뿐이지."
그러면서 베라는 덧붙여 말했어요.
"나는 이렇게 야구를 할 수 있다는
사실만으로도 행복하오.
가난한 이탈리아 이민자 아들이 이만하면 성공했지 뭐."

베라의 말은 결코 거짓이 아니었어요.
그는 어린 시절 집이 너무 가난해
일찌감치 학교를 그만두고 공장에서 일을 해야 했지요.
오직 야구만이 그의 미래이고 희망인 시절이었어요.
"나는 나중에 꼭 프로 야구 선수가 될 거야.
일하는 틈틈이 열심히 연습을 하면 그렇게 될 수 있어!"
그러니 자신의 말처럼
메이저리그 야구 선수가 된 것만으로도
얼마나 행복했겠어요.
그런 현실이 한없이 소중하기도 했고요.

요기 베라는 키도 172센티미터밖에 되지 않았어요.
미국 야구 선수로서는 아주 작은 키였지요.
그렇지만 그는 포기하지 않았기에
명포수로 이름을 날렸어요.
그 결과 베라는 야구 인생을 통틀어
모두 10개의 우승 반지를 손에 끼게 되었지요.
"끝날 때까지는 절대 끝난 것이 아니다!"
이것은 베라가 훗날 뉴욕 메츠 감독이 되어 한 말이에요.
바로 그런 정신력으로,
그는 전설적인 야구 선수가 되었지요.

부록

요기 베라(1925~)가 남긴 기록

[투수 통산 성적]

* 출전 경기 ; 2,120경기
* 타율 ; 2할 8푼 5리
* 장타율 ; 4할 8푼 2리
* 출루율 ; 3할 4푼 8리
* 홈런 ; 358개
* 안타 ; 2,150개
* 타점 ; 1,430점
* 득점 ; 1,175점
* 도루 ; 30개
* 볼넷 ; 704개

[그 밖의 주요 기록]

* 뉴욕 양키스에서 풀타임으로 뛴 17년 동안 14번 월드시리즈 진출 및 10번 우승
* 포수로서는 역대 최다인 11년 연속 80타점 기록
* 포수 중 역대 통산 홈런 기록 4위
* 총 9명의 최우수선수(MVP) 3회 수상자 중 한 명
* 1951년 투수 앨리 레이놀즈와 2번의 노히트노런, 1956년 투수 돈 라센과 1번의 퍼펙트게임 달성
* 1958년 포수로서 시즌 내내 무실책 경기(88경기) 기록
* 1972년 명예의 전당에 이름을 올림

야구가 궁금해

투수의 유형

투수는 야구 경기에서 매우 중요한 포지션이다. 투수가 공을 잘 던지면 상대 팀 공격이 시작부터 완벽히 차단되기 때문이다. 투수는 공을 던지는 폼에 따라 오버핸드스로(overhand throw) 투수·언더핸드스로(underhand throw) 투수·사이드암스로(sidearm throw) 투수로 구분할 수 있다. 오버핸드스로 투수는 팔을 머리 뒤쪽으로 넘겨 머리 위로 휘두르며 던지는 식의 투구 방법을 이용한다. 언더핸드스로 투수는 팔을 허리 아래에서 위로 쳐올리듯이 투구한다. 일명 '잠수함 투수'라고 불린다. 사이드암스로 투수는 오버핸드스로와 언더핸드스로의 중간쯤 되는 폼으로 팔을 어깨 높이로 해서 던진다. 오버핸드스로보다 팔이 약간 내려온 형태로 공을 던지는 투수도 있는데, 그런 유형은 스리쿼터스로(threequarter throw)라고 한다.

야구공과 배트 그리고 글러브

　야구공은 코르크(cork)나 고무 등의 재료로 만든 작은 심에 실을 감은 뒤, 말가죽이나 쇠가죽 두 쪽으로 감싸서 단단하게 만든다. 둘레는 22.9~23.5센티미터, 무게는 141.7~148.8그램이다. 두 쪽의 가죽을 묶는 실밥 수는 108개. 실밥은 야구공의 속력을 높이는 역할을 한다. 실밥이 없으면 정면의 공기 저항은 줄어들지만 측면과 후면의 저항이 늘어나 구속이 떨어진다. 배트는 아마추어와 프로에서 사용하는 것이 다르다. 아마추어 야구는 알루미늄으로 만든 것을, 프로 야구에서는 나무로 만든 것을 쓴다. 나무 배트는 주로 물푸레나무나 단풍나무로 만들며, 반드시 한 가지 재질만 사용해야 한다. 굵기는 가장 굵은 부분의 지름이 7.3센티미터, 길이는 106.8센티미터 이하여야 한다. 무게에 대한 제한은 없다. 글러브는 야구 선수들이 착용하는 가죽 장갑을 일컫는다. 엄지와 검지 사이가 그물 모양으로 막혀 있어 공을 잡기 편리하다. 글러브는 선수들의 포지션마다 그 모양이 조금씩 다르다. 이를테면 포수 글러브는 원형에 가까운 모양으로 공이 잘 빠져나가지 않게 만들어져 있다. 또한 내야수의 글러브가 외야수 것보다 조금 작은 편이며 무게도 가볍다. 그 이유는 내야수가 날렵하게 공을 잡아 재빨리 던져야 하는 경우가 많기 때문이다. 포수와 1루수가 사용하는 글러브는 특별히 미트(mitt)라고 부른다.

끝날 때까지는 끝난 것이 아니야
요기 베라

초판 인쇄 2018년 6월 10일
초판 발행 2018년 6월 15일

　지은이　씨엘
　펴낸이　진수진
　펴낸곳　혜민교육

　주소　　경기도 고양시 일산서구 하이파크 3로 61
　출판등록　2013년 5월 30일 제2013-000078호
　전화　　031-949-3418
　팩스　　031-949-3419
　전자우편　meko7@paran.com

값 6,000원

*낙장 및 파본은 교환해 드립니다.
*본 도서는 무단 복제 및 전재를 법으로 금합니다.